Vom Vergnügen, recht zu haben

Ernst Günter Tange

Zitatenschatz für Juristen

Vom Vergnügen, recht zu haben

Illustriert von Birgit Tanck

Eichborn.

Umschlaggestaltung: Christina Hucke
Satz und Lithografie: Fuldaer Verlagsanstalt GmbH
Druck und Bindung: Wiener Verlag, Himberg
ISBN 3-8218-3460-9

Verlagsverzeichnis schickt gern:
Eichborn Verlag, Kaiserstraße 66, D-60329 Frankfurt/Main

Das Vergnügen, recht zu behalten,
wäre unvollständig ohne das Vergnügen,
andere ins Unrecht zu setzen.

Voltaire

INHALT

EINLASSUNG zur Sache

Es ist fraglich, in welchem Fall die Gefängnisse voller wären, brächte man alle Gesetzesbrecher oder alle Gesetzessprecher hinter Gitter. Der Beruf des Juristen ist offenbar sehr attraktiv. Vielleicht liegt dies sogar an der Vagheit seines Gegenstandes. Niemand weiß so ganz genau, was Recht und was Unrecht ist, abgesehen davon, daß die Ansichten darüber in Völkern und Zeiten höchst verschieden sein können. Einem Kannibalen zum Beispiel wird die

örtliche Jurisprudenz den öffentlichen Verzehr eines Stammesfeindes nicht übel vermerken. Wenn er jedoch seine Schwiegermutter verspeist, kann dies als strafbar gelten, wobei ihre Zähigkeit wiederum als mildernder Umstand gewertet werden kann. So kompliziert ist Rechtsprechung.

Es ist bezeichnend, daß man Juristenrecht vom sogenannten Rechtsempfinden streng unterscheiden muß. »Mit der Vervielfältigung der Rechte zieht sich die Kenntnis derselben aus dem Volke mehr oder weniger zurück, um fortan die Berufsaufgabe für einen eigenen Juristenstand zu bilden«, sagt das Lexikon mit Recht. Denn Recht ist inzwischen für den, der es empfindet, undurchschaubar geworden wie jene Augenbinde, die die Göttin der Gerechtigkeit Justitia auf vielen Darstellungen trägt.

Die französische Sprache ist ein Abkömmling der lateinischen. Es ist daher nicht ohne Aussagekraft, daß »Jus« im Lateinischen »Recht« heißt, im Französischen jedoch »Brühe«. Kocht man all die vielen Vergehen des Lebens, die großen Schandtaten wie die kleinen Schikanen des Alltags lange genug ein, erhält man jene konzentrierte Brühe, die in ihren einzelnen Bestandteilen undefinierbar, im Ganzen genossen jedoch kräftigend wirkt und die tägliche Speise zu würzen vermag, die uns das Dasein beschert. Die folgende Zitatensammlung schöpft löffelweise aus dieser Brühe und vermag vielleicht, manchen faden Moment geschmacklich aufzubessern. Die Einteilung nach Kapiteln muß den Umständen entsprechend so ungenau ausfallen wie der Versuch, eine Flüssigkeit mit dem Messer zu portionieren.

GESETZESHÜTER

Es gibt zwei Klassen von Menschen: die Gerechten und die Ungerechten. Die Einteilung wird von den Gerechten vorgenommen. *Oscar Wilde*

Jurist: ein Rechtskundiger, der auch links herum denken kann. *Helmuth M. Backhaus*

Wenn ich einen Sohn habe, so soll er etwas Prosaisches werden, Jurist oder Seeräuber. *Lord Byron*

Er war eitel wie ein Chirurg, rechthaberisch wie ein Jurist und gutmütig wie ein Scharfrichter nach der Hinrichtung

Kurt Tucholsky

Der Jurist, der nicht mehr ist als ein Jurist, ist ein arm Ding. *Martin Luther*

Es steht im Evangelium nicht, daß man die Juristen anbeten soll ... *Martin Luther*

Nur der ist ein guter Jurist, der mit schlechtem Gewissen Jurist ist. *Gustav Radbruch*

Wahre Manager haben für jedes Problem eine Lösung; richtige Juristen für jede Lösung ein Problem. *Jean-Paul Blum*

Wenn es keine schlechten Menschen gäbe, gäbe es keine guten Juristen. *Charles Dickens*

Die Phantasie trainiert man am besten durch juristische Studien. Kein Dichter hat jemals die Natur so frei ausgelegt wie Juristen die Gesetze. *Jean Giraudoux*

Juristen sind Leute, die die Gerechtigkeit mit dem Recht betrügen. *Harold Pinter*

Die Kunst der meisten Juristen erschöpft sich darin, bei der Rechtsbeugung Formfehler zu vermeiden. *Carlos Widmann*

Kläger: ehemaliger Freund; meist jemand, dem man einen Gefallen erwiesen hat. *Ambrose Bierce*

Ein Kläger muß drei Säcke haben: einen mit Geld, einen mit Papier und einen mit Geduld. *Französisches Sprichwort*

Ich hasse Opfer, die ihren Henker lieben. *Jean-Paul Sartre*

Rechtsanwalt: Spezialist im Spalten fremder Haare.
Anonym

– nicht nur ein Diener am Recht, sondern auch ein Verdiener am Unrecht. *Anonym*

– Schutzengel, der uns vor Räubern dadurch schützt, daß er uns alles abnimmt, was sie in Versuchung führen könnte. *Anonym*

– eine in der Umgehung des Gesetzes geschulte Person.
Ambrose Bierce

– gesetzlich bestellte Person zur ungeschickten Verwaltung von Geschäften, die man selber nicht gehörig vermasseln kann. *Ambrose Bierce*

Es ist leichter, ohne Messer eine Auster zu öffnen, als den Mund eines Anwalts ohne Honorar. *Barten Holyday*

Wenn du etwas gegen das Gesetz tun willst, dann frage immer erst einen tüchtigen Rechtsanwalt.

Richard Widmark

Nichts macht die Menschen so unverträglich wie das Bewußtsein, genug Geld für einen guten Rechtsanwalt zu haben. *Richard Widmark*

Rechtsanwälte: die einzigen Leute, bei denen Unkenntnis des Rechts nicht bestraft, sondern belohnt wird.

Jeremy Bentham

Die Welt hat einen großen Bedarf an Leuten, die Unrecht für Recht ausgeben können. *Egon Friedell*

Anwälte und Bestattungsunternehmen leben überwiegend von Fehlern, die andere gemacht haben. *Robert Lembke*

Eine friedliche und einträchtige Welt ist der geheime Alptraum der Militärs und der Advokaten. *Norman Mailer*

Es ist nicht einzusehen, weshalb es neben den Rechtsanwälten, die unser Recht durchsetzen wollen, nicht auch Versöhnungsanwälte gibt, die uns Rechtsstreitigkeiten ersparen möchten. *Sigmund Graff*

Rechtsberatung: das Suchen und Finden von Schlupflöchern. *Anonym*

Vor dem Recht sind alle gleich. Aber nicht vor den Rechtsprechern. *Stanislaw Jerzy Lec*

Rechtswissenschaft: die Kunst, mit Methode zu ignorieren, was sonst jedermann weiß. *Jeremy Bentham*

Wenn die Künstler immer nur unter gerechten Regierungen arbeiten sollten, wann kämen sie dann überhaupt zum Arbeiten? *Francisco Goya*

Es muß Übertretungen geben, weil Richter da sind, und um Übertretungen zu schaffen, müssen wir Gesetze haben. *Peter Hille*

Jeder Richter, der urteilt, fällt auch einen Urteilsspruch über sich selbst – und der kommt auf die Nachwelt.

Eyvind Johnson

Die bloße Mahnung an die Richter, nach bestem Wissen und Gewissen zu urteilen, genügt nicht. Es müßten auch Vorschriften erlassen werden, wie klein das Wissen und wie groß das Gewissen sein darf. *Karl Kraus*

Rat an den Richter: gib deine Entscheidungen, niemals deine Gründe an; deine Entscheidungen mögen richtig sein, deine Gründe sind sicher falsch. *William Murray Mansfield*

Jedes Volk hat die Richter, die es verdient. *Kurt Tucholsky*

Manche Richter sind so stolz auf ihre Unbestechlichkeit, daß sie darüber die Gerechtigkeit vergessen. *Oscar Wilde*

Scheidungsanwalt: ein Mann, der zwei Leute überredet, sich ihrer Kleider zu entledigen und miteinander zu kämpfen, und der inzwischen mit den Kleidern davonläuft. *Anonym*

Wer Scheidungsanwalt ist, gehört auf jeden Fall einer Wachstumsbranche an. *Friedrich Nowottny*

Nur Amateure finanzieren die Werbung selbst. Profis benutzen dafür kostenlos den Staatsanwalt. *Jean Genet*

GESETZLOSE

Betrüger: ein Rivale bei der Bewerbung um öffentliche Ehren.

Ambrose Bierce

Deserteure müßte man gleichzeitig wegen Feigheit erschießen und wegen Klugheit auszeichnen.

Charles Maurice Talleyrand

Dieb: ein Mann, der etwas findet, was ein anderer nicht verloren hat.

Definition eines Kindes

– ein Mensch, der zu vernünftig ist, um zu verhungern, aber zu unvernünftig, um zu arbeiten; zu verschämt, um zu betteln, aber gerade unverschämt genug, um zu stehlen.

Aus den »Fliegenden Blättern«

Auch der Dieb weiß, was Unrecht ist, wenn er bestohlen wird. *Gerhard Branstner*

Wenn man nach islamischem Recht Dieben die Hand abschlagen würde, gäbe es unter den Komponisten viele Einarmige. *Leonard Bernstein*

Es gibt Diebe, die von den Gesetzen nicht bestraft werden und dem Menschen doch das Kostbarste stehlen: die Zeit. *Napoleon I.*

Und wenn's ein Junge wird, sagte der Einbrecher zu seiner Frau, dann nennen wir ihn Dietrich. *Werner Mitsch*

Einbrecher/Ausbrecher: man spricht immer nur von Leuten, die in Häuser einbrechen wollen. Aber es gibt mehr Leute auf der Welt, die aus Häusern ausbrechen wollen. *Thornton Wilder*

Häftling: einer, der sitzt, weil er gestanden hat. *Anonym*

Hehler: Handlanger von Langfingern. *Ron Kritzfeld*

Lügner: einer, der vorsätzlich irrt. *Anonym*

– einer, der Unangenehmes über uns erzählt. *Anonym*

der beste Lügner: wer mit den wenigsten Lügen am längsten auskommt. *Samuel Butler*

Es ist stets die beste Politik, die Wahrheit zu sagen, es sei denn, man wäre ein phantastischer Lügner. *Jerome K. Jerome*

Die Strafe des Lügners ist keineswegs, daß man ihm nicht glaubt, sondern daß er niemand anders glauben kann. *George Bernard Shaw*

Grundsätzlich verlogene Menschen sind ungefährlich. Gefährlich sind nur Lügner, die manchmal die Wahrheit sagen. *George Bernard Shaw*

Luftpiraten: Passagiere, die Flugzeuge erst unterwegs chartern. *Danny Kaye*

Verteidigung des Mörders: »Wie kann ein Mensch für unmenschliche Taten bestraft werden?« *Stanislaw Jerzy Lec*

Die Schurken sind immer praktisch tüchtiger als die ehrlichen Leute, weil ihnen die Mittel gleichgültig sind. *Franz Grillparzer*

Wenn man die Inschriften auf dem Friedhof liest, fragt man sich unwillkürlich, wo denn eigentlich die Schurken begraben liegen. *Peter Sellers*

Sträflinge: Leute, die »in« sind, obwohl sie viel lieber »out« wären. *David Frost*

Täter: warum ist das nicht einer, der eine Tat, sondern einer, der eine Untat begangen hat? *Günther Cwojdrak*

Taschendieb: einer, der keinen Finger krumm macht, aber alle lang. *Ron Kritzfeld*

Taschendiebe: diejenigen Mitglieder der menschlichen Gesellschaft, die die weitverbreitete Kunst, dem anderen Geld aus der Tasche zu ziehen, nur manuell ausüben.

Hans Kasper

Verbrecher und Architekten zieht es an den Ort ihrer Tat zurück. *Peter Ustinov*

Ich begreife nicht, warum sich die Leute um niedrige Autonummern reißen. Die kann sich doch jeder Zeuge ganz leicht merken. *Jean Lafleur*

DAS ZEUG zum Juristen

Beredsamkeit: die Fähigkeit, Wahrheit in eine Sprache zu übersetzen, die dem völlig verständlich ist, der dir zuhört. *Ralph Waldo Emerson*

Glaubwürdigkeit: es ist schwierig, einem Menschen zu glauben, wenn man weiß, daß man an seiner Stelle lügen würde. *Henry Louis Mencken*

Niemand ist so rechtschaffen, daß er, wenn er alle seine Handlungen und Gedanken dem Gesetz unterwürfe, nicht zehnmal hängen müßte. *Michel de Montaigne*

Redlichkeit: man gebe mir sechs Zeilen, geschrieben von dem redlichsten Menschen, und ich werde darin etwas finden, um ihn aufhängen zu lassen.

Armand Jean du Plessis de Richelieu

Wenn es heißt, ein Mensch sei unbestechlich, frage ich mich unwillkürlich, ob man ihm genug geboten hat. *Fouché*

Es gibt unbestechliche Menschen. Das sind die, von denen nichts abhängt. *Dusan Radovic*

Man müßte sich die Unbestechlichkeit bezahlen lassen können. *Werner Schneyder*

Selbst der Gerechte wird ungerecht, wenn er selbstgerecht wird. *Rudolf Hagelstange*

Es geht ungerecht zu auf der Welt: ein Schurke darf sich jede Anständigkeit herausnehmen, ein anständiger Mensch aber nicht die kleinste Schurkerei. *Mark Twain*

Wahrheitsliebe ist die seltenste aller amourösen Bindungen. *Alfred Polgar*

Wahrheitsliebe: wer Wahrheit liebt, der urteilt scharf, vorausgesetzt, daß er das darf. *Eugen Roth*

KLEINE UND große Gaunereien

Wenn Gott alles segnen müßte, worum man ihn bittet, würde er sich, juristisch gesehen, der Beihilfe schuldig machen.

Jean Genet

Es gibt Persönlichkeiten in unserem Staat, von denen man nichts anderes weiß, als daß man sie nicht beleidigen darf.

Karl Kraus

Beleidigungen sind die Argumente derer, die unrecht haben.

Jean-Jacques Rousseau

Betrug: Diebstahl, bei dem es um größere Beträge geht.

Anonym

– die Triebkraft des Geschäfts, die Seele der Religion, der Köder der Liebeswerbung und die Grundlage politischer Macht.

Ambrose Bierce

Die einzige Art zu betrügen, die zuweilen noch Erfolg hat, ist – offenherzig zu sein.

Ludwig Börne

Die Menschen sind heute unglaublich verdorben: es wird immer schwieriger, sie zu betrügen.

Zarko Petan

Es ist unendlich schöner, sich zehnmal betrügen zu lassen, als einmal den Glauben an die Menschheit zu verlieren.

Heinrich Zschokke

Bigamie: der Versuch, ein Übel zu verkleinern, indem man es verdoppelt. *Helmar Nahr*

– die mildeste Form der Polygamie. *Eva Roepke*

– das einzige Delikt, das bereits eine Strafe ist. *Peter Sellars*

– eine Frau zuviel. Monogamie: dasselbe. *Oscar Wilde*

Bigamie ist das Musterbeispiel eines unsozialen Verhaltens: sie bringt die Scheidungsanwälte um ihr Honorar. *George Cox*

Bigamie ist auch eine Möglichkeit, zugleich die Schmutzwäsche der Scheidung und die Last der Unterhaltszahlungen zu vermeiden. *Oliver Herford*

das Böse tun: nie tut man so vollständig das Böse, als wenn man es mit gutem Gewissen tut. *Blaise Pascal*

Diebstahl: strafbarer Versuch, offene Rechnungen mit fremdem Geld zu begleichen. *Ron Kritzfeld*

– Beschreiten des zweiten Vermögensbildungsweges. *Joachim Schwedhelm*

Die menschliche Psychologie neigt seltsamerweise dazu, den Diebstahl von Provinzen als ehrenhafter und diskutierbarer zu betrachten als den Diebstahl einer Damenhandtasche. *Lin Yutang*

Einbruch: kriminelle Form der Selbstbedienung. *Michael Schiff*

ermorden: eine leere Stelle schaffen, ohne einen Nachfolger zu benennen. *Ambrose Bierce*

Ein englischer Richter, und kein zynischer Verfasser von Kriminalgeschichten, bemerkte in einem berühmten und ungelösten Fall von Gattenmord, daß man nach einem Motiv gar nicht zu suchen brauche, die Ehe selbst sei bereits das Motiv. *Mary Hottinger*

Gift: eine von Frauen bevorzugte Mordwaffe; es weckt die Kinder nicht auf. *Anonym*

Hochverrat ist eine Frage des Datums.

Charles Maurice Talleyrand

Korruption: Politik der offenen Hand. *Anonym*

– Selbstbefriedigung mit Hilfe der öffentlichen Hand. *Anonym*

– die laufende Bewässerung bereits vorhandener Sümpfe. *Wolfgang Gruner*

– die Autobahn neben dem Dienstweg. *Helmar Nahr*

Der Nachteil der Korruption besteht darin, daß es gar nicht so einfach ist, jemanden zu finden, der einen korrumpieren möchte. *Raimund Vidranyi*

Korruption ist, wenn Unregelmäßigkeiten zur Regel werden. *Wolfram Weidner*

Die nächste Eskalation der Luftpiraterie wird die Entführung eines Raumschiffes sein. *Harold Pinter*

Mord: etwas gräßliches, das anständige Menschen nur in Träumen begehen. *Anonym*

– die Tötung eines Menschen durch einen anderen. Es gibt vier Arten von Mord: verbrecherischen, entschuldbaren, gerechtfertigten und rühmlichen, doch dem Ermordeten ist es egal, welcher Art er zum Opfer fiel – die Klassifizierung ist nur zum Nutzen der Juristen da. *Ambrose Bierce*

Die Sitte verlangt, daß ein Lustmörder den Mord zugebe, aber nicht die Lust. *Karl Kraus*

Zweifellos hat es perfekte Morde gegeben. Der beste Beweis dafür ist ja gerade die Tatsache, daß man nichts von ihnen weiß. *Alfred Hitchcock*

plündern: jemanden um sein Eigentum bringen, ohne die geziemende und übliche Heimlichkeit des Diebstahls zu wahren. *Ambrose Bierce*

der feine Unterschied: wenn ein Multimillionär einen Silberlöffel einsteckt, wird das diskret erledigt. Wenn aber ein armer Hund einen Silberlöffel einsteckt, weil er ihn verscheuern muß, um zu leben, holt man die Polizei.

Heinrich Böll

Zwischenstaatlich organisiert sind in Europa nur das Verbrechen und der Kapitalismus. *Kurt Tucholsky*

Was ist Verleumdung? Ein Schuldspruch, der in Abwesenheit des Angeklagten hinter verschlossenen Türen, ohne Verteidigungs- oder Berufungsrecht, von einem voreingenommenen Richter verkündet wird. *Joseph Roux*

Die härteste Strafe ist lebenslängliche Verleumdung.

Hans Henny Jahnn

Verleumdungen sind Krankheiten anderer, die an deinem Leibe ausbrechen. *Friedrich Nietzsche*

Ob jemand Wechsel fälscht, sagt nichts über sein Geigenspiel. *Oscar Wilde*

DIE SÄULEN des Rechts

Alibi: eine Rechtfertigung mit zweifelhaftem Ruf. *Anonym*

Ein Alibi ist wie der Kredit: Wenn man beide nicht braucht, dann hat man sie. *Peter Ustinov*

Alimente: Zahlungsverpflichtung bei Verkehrsunfällen. *Anonym*

– jene Einrichtung, bei der einer dafür bezahlt, daß zwei einen Fehler gemacht haben. *Danny Kaye*

– Vergnügungssteuer im nachhinein. *Henning Venske*

Amnestie: Platzbeschaffung für neue Missetäter. *Anonym*

– die Großmut des Staates gegen diejenigen Gesetzesübertreter, deren Bestrafung auf die Dauer zu kostspielig wäre. *Ambrose Bierce*

– das schönste Wort der menschlichen Sprache. *Victor Hugo*

– ein Akt, durch den die Herrscher die häufigsten Ungerechtigkeiten verzeihen, die sie begangen haben. *Pierre Véron*

Bedenkzeit: Tage, die man verstreichen läßt, bevor man bei seiner Meinung bleibt. *Anonym*

Ehe: ein Vertrag, bei dem der Mann auf die eine Hälfte seiner Lebensmittel verzichtet, damit man ihm die andere Hälfte kocht. *Anonym*

– die einzig wirkliche Leibeigenschaft, die das Gesetz kennt. *Anonym*

– legalisierte Einsamkeit zu zweit. *Jean Genet*

– die vielleicht seltsamste Mischung von Biologie und Jurisprudenz. *Kurt Höbel*

– vielfach nur der Kontrakt, auf dessen Bruch die Unterhaltspflicht als Konventionalstrafe steht. *Karl Jaspers*

– die vom Staat sanktionierte Tyrannei. *Alma Mahler-Werfel*

– in vielen Fällen lebenslängliche Doppelhaft ohne Bewährungsfrist und Strafaufschub, verschärft durch Fasten und gemeinsames Lager. *Jean-Paul Sartre*

– gegenseitige Freiheitsberaubung im beiderseitigen Einvernehmen. *Oscar Wilde*

Eheringe: die Handschellen der bürgerlichen Gesellschaft. *Curth Flatow*

Ehe- und Militärdienst: die zwei staatlich sanktionierten Formen von Freiheitsentzug ohne Gerichtsurteil. *Jean Genet*

Fehler: eigenes Vergehen, im Unterschied zu den Vergehen anderer, den sogenannten Verbrechen. *Ambrose Bierce*

Wie töricht ist die Meinung, daß alles gerecht sei, was die Gesetze der Völker so nennen. *Cicero*

Ein gerechter Mann ist nicht der, der kein Unrecht begeht, sondern wer es tun kann, aber nicht will. *Menander*

Gerechtigkeit: eine Ware, die der Staat dem Bürger in mehr oder minder verfälschtem Zustand als Belohnung für seine Treue, Steuern und Dienste verkauft. *Ambrose Bierce*

Die Gerechtigkeit ist wie das Licht: man weiß nicht, was es ist, aber man merkt, wenn es fehlt. *Anonym*

In der Jugend meinen wir, das Geringste, das die Menschen uns gewähren können, sei Gerechtigkeit. Im Alter erfahren wir, daß es das Höchste ist. *Marie von Ebner-Eschenbach*

Als der Gerechtigkeit die Augenbinde abgenommen wurde, stellte sich heraus, daß sie blind war. *Zarko Petan*

Gerechtigkeit entspricht dem Neide, denn ihr oberster Satz ist: allen das Gleiche. *Walter Rathenau*

Es macht das Wesen der **Gerechtigkeit** aus, daß man sich ihr nur nähern kann, ohne sie je zu erreichen. Und beträte dennoch einmal einer (in einem Märchen) ihr Haus, wäre die oberste Dienststelle ohnehin nicht besetzt. *Wolfdietrich Schnurre*

Gewissen: die Stimme des Staatsanwalts in uns. *Anonym*

– jene innere Stimme, die uns rät, keine Fingerabdrücke zu hinterlassen. *Malcolm Brigg*

– jene innere Stimme, die uns daran erinnert, daß die nächste Amnestie erst in fünf Jahren kommt. *George Cummings*

Gleichheit: das durch die Verfassung garantierte Recht der Reichen und Armen, in Champagner zu baden und den Winter an der Riviera verbringen zu dürfen. *Leo C. Rosten*

Das Ideal der Gleichheit ist deshalb so schwer zu verwirklichen, weil die Menschen Gleichheit nur mit jenen wünschen, die über ihnen stehen. *John B. Priestley*

das Gute: das Böse, was man läßt. *Wilhelm Busch*

Irrtümer: die Stationen auf dem Wege zur Wahrheit.
Fjodor Michailowitsch Dostojewski

Jurisprudenz: die Fähigkeit, recht zu behalten, obwohl man es nicht hat. *Georges Marcelin*

Ein Konkubinat ist eine feste Bindung, die man nur vor dem Standesbeamten geheimhält. *Ernst Waldbrunn*

Ein halbleeres Glas Wein ist zwar auch ein halbvolles, aber eine halbe Lüge ist mitnichten eine halbe Wahrheit.
Jean Cocteau

Das Recht auf Dummheit wird von der Verfassung geschützt. Es gehört zur Garantie der freien Entfaltung der Persönlichkeit. *Mark Twain*

rechtmäßig: vereinbar mit dem Willen des zuständigen Richters. *Ambrose Bierce*

Scheidung: eine Trennung, bei der in der Regel die Frau die Kinder und der Mann das Kindermädchen behält.
Anonym

– ein Spiel unter Rechtsanwälten. *Cary Grant*

Scheidungen: Entscheidungen eines Schiedsrichters, der das Spiel nicht gesehen hat. *Robert Lembke*

Strafe: Gerechtigkeit für die Ungerechten. *Aurelius Augustinus*

– die Gerechtigkeit, welche die Schuldigen an die austeilen, die gefaßt werden. *Elbert Hubbard*

Die Strafe, die züchtigt, ohne zu verhüten, heißt Rache. *Albert Camus*

Der Rechtsbrecher hat einen Anspruch darauf, bestraft zu werden. *Max Scheler*

An der Härte der Strafen erkennt man die Schwäche des Regimes. *Martin Kessel*

Bestrafung: nur ein Vorwand dafür, ein Verbrechen durch ein anderes zu tilgen. *George Bernard Shaw*

Juristische Schwierigkeiten gibt es nicht für Leute mit Geld. *George Bernard Shaw*

Streit: Austausch von Unwissenheit. *Anonym*

– Disput zwischen zwei Menschen, die beide als erste das letzte Wort haben wollen. *Anonym*

– eine Auseinandersetzung, die damit beginnt, daß man sich etwas vorwirft, und damit endet, daß man sich etwas nachwirft. *Anonym*

Alle Menschen sind Brüder. Daher der ewige Streit unter ihnen. *Alexander Roda Roda*

Auf Selbstmord steht Todesstrafe. *Heinrich Wiesner*

Die schlimmste Art von Ungerechtigkeit ist vorgespielte Gerechtigkeit. *Platon*

Wenn ein Mensch einen Tiger umbringen will, nennt er das Sport; wenn der Tiger ihn umbringen will, nennt er das Wildheit. Der Unterschied zwischen Verbrechen und Justiz ist der gleiche. *George Bernard Shaw*

Urteil: etwas, womit sich die meisten Menschen zufriedengeben, weil Denken so anstrengend ist. *Anonym*

Abschließendes Urteil: erster tastender Versuch, eine Sache zu verstehen. *Helmar Nahr*

Mißtraue deinem Urteil, sobald du darin den Schatten eines persönlichen Motivs entdecken kannst.

Marie von Ebner-Eschenbach

Manch Urteil ist ja längst beschlossen, eh' des Beklagten Wort geflossen. *Anastasius Grün*

Das Urteil unserer Feinde über uns kommt der Wahrheit näher als unser eigenes. *François de La Rochefoucauld*

Ein wirklich unvoreingenommenes Urteil kann man nur über Dinge abgeben, die einen nicht interessieren, und das ist zweifellos der Grund, daß unvoreingenommene Urteile immer wertlos sind. *Oscar Wilde*

Auch Urteile können mit der Axt gefällt werden. *Beat Schmid*

Jeder klagt über sein Gedächtnis, aber niemand klagt über seine Urteilskraft. *François de La Rochefoucauld*

Je mehr man urteilt, desto weniger liebt man. *Nicolas-Sébastien Roch Chamfort*

Niemand urteilt schärfer als der Ungebildete. Er kennt weder Gründe noch Gegengründe und glaubt sich immer im Recht. *Ludwig Feuerbach*

Vorurteil: der Versuch, die Tatsachen gegeneinander abzuwägen und dabei den Daumen auf die Waagschale zu legen. *Anonym*

– eine Einbahnstraße mit Anhalteverbot für den Verstand. *Louis Guilloux*

– ein Urteil, das der Staatsanwalt gesprochen hat. *Heinz Hilpert*

– Verurteilung ohne Urteil. *Bernhard Pollak*

Auf Erden wird nur das Vorurteil gesprochen. *Elazar Benyoetz*

Ein Urteil läßt sich widerlegen, aber niemals ein Vorurteil. *Marie von Ebner-Eschenbach*

Ein Vorurteil ist ein Irrtum, der Wurzeln geschlagen hat. *Martin Held*

Ein Vorurteil ist ziemlich sicher daran zu erkennen, daß man sich bei seiner Begründung ereifert. *Viktor de Kowa*

Vorurteile: Denkschienen. *Anonym*

– ein Blumenstrauß, den man wenigstens von Zeit zu Zeit neu arrangieren sollte. *Luther Burbank*

– die Vernunft der Narren. *Voltaire*

Vorurteile reisen durch die Epochen ungehindert – sie haben gute, falsche Pässe. *Wieslaw Brudzinski*

Es gibt Menschen, die selbst für Vorurteile zu dumm sind. *Egon Friedell*

Der Glaube an Vorurteile gilt in der Welt als gesunder Menschenverstand. *Claude Adrien Helvétius*

Je reicher man an Urteilen ist, desto ärmer wird man an Vorurteilen. *Henry Miller*

Man kann Dummheit sorgfältig durch Erziehung zu Vorurteilen herbeiführen. *Alexander Mitscherlich*

Vorurteile sterben ganz langsam, und man kann nie sicher sein, daß sie wirklich tot sind. *Jules Romains*

Wahrheit: eine Halluzination, zu der sich die Mehrheit bekennt. *Anonym*

– etwas, worüber die Menschen gelegentlich stolpern – aber sie richten sich auf und gehen weiter, als sei nichts geschehen. *Winston Churchill*

– die Meinung, die überlebt. *Elbert Hubbard*

– die Lüge, die am angenehmsten zu glauben ist. *Henry Louis Mencken*

– die Art von Irrtum, ohne welche eine bestimmte Art von lebendigen Wesen nicht leben könnte. *Friedrich Nietzsche*

– das einzige, was niemand glauben will. *George Bernard Shaw*

Wahrheit ist das, was man glaubhaft machen kann. *Anonym*

Die Wahrheit ist eine scheue Geliebte; man besitzt sie niemals ganz. *Hermann Bahr*

Die Wahrheit ist wie ein Bauernmädchen. Am schönsten ist sie ungeschminkt. *Oskar Kokoschka*

Wahrheit ist der Name, den wir unseren wechselnden Irrtümern geben. *Rabindranath Tagore*

Wahrheitsliebe: das Privileg der Glücklichen, die nichts zu verlieren haben. *Christian Diekholtz*

– die seltenste aller amourösen Bindungen. *Alfred Polgar*

WERKZEUGE der Gerechtigkeit

Armenrecht: eine Methode, mittels derer einem Rechtsuchenden, der kein Geld für Anwälte hat, gnädig erlaubt wird, seinen Prozeß zu verlieren. *Ambrose Bierce*

Politisch Verfolgte genießen in der Bundesrepublik Asylrecht. – Näheres regelt das gesunde Volksempfinden.

Ralf Bülow

Immer, wenn jemand kurzen Prozeß machen möchte, gibt es danach eine lange Berufung. *Siegfried Lowitz*

Beweis: das Zeugnis zweier glaubwürdiger Zeugen, das dem eines einzigen entgegengesetzt ist. *Ambrose Bierce*

– eine Aussage, die einen Grad glaubwürdiger ist als die Unwahrheit. *Ambrose Bierce*

Welches ist der beste Beweis? Die hundertmalige Wiederholung der Behauptung. *Charles Tschopp*

Die Beweise sind das Gegengift gegen das Gift der Zeugenaussagen. *Francis Bacon*

Eine Sache, die niemand glaubt, kann nicht oft genug bewiesen werden. *George Bernard Shaw*

Das Faustrecht ist heutzutage verschwunden bis auf die Freiheit, jedem eine Faust in der Tasche zu machen.

Georg Christoph Lichtenberg

Folterbank: ein Lehrmittel, das früher häufig verwendet wurde, um die Anhänger eines falschen Glaubens zur lebendigen Wahrheit zu bekehren. *Ambrose Bierce*

Galgen: Bühne für die Aufführung von Mirakelspielen, in denen der Hauptdarsteller in den Himmel entrückt wird. In diesem Land ist der Galgen bemerkenswert vor allem wegen der vielen Leute, die ihm entgehen.

Ambrose Bierce

Gesetz: eine Reuse für die kleinen Fische. *Anonym*

– eine Sammlung von Lücken, durch welche die Schlauen schlüpfen können. *Aurel Schmidt*

Gesetze: Vorschriften, die man respektieren muß – ob man sie einhält, ist eine andere Frage. *Spanisches Sprichwort*

Wenn es nicht notwendig ist, ein Gesetz zu machen, dann ist es notwendig, kein Gesetz zu machen.

Charles de Montesquieu

Das Gesetz garantiert zwar nicht das Mittagessen, aber die Mittagspause. *Wieslaw Brudzinski*

Die Gesetze sind Spinngewebe, durch die die großen Fliegen durchkommen, und wo nur die kleinen hängenbleiben. *Honoré de Balzac*

Hätte die Natur so viele Gesetze wie der Staat, Gott selbst könnte sie nicht regieren. *Ludwig Börne*

Man sagt, wir bewegten uns wenig. Und das tägliche Umgehen der Gesetze? *Wieslaw Brudzinski*

Gesetze sind wie Kleider. Eine Zeitlang sitzen sie gut. Dann sind sie abgetragen, und es wird Zeit, sie auszuwechseln. *Jean Foyer*

Wenn man alle Gesetze studieren sollte, so hätte man gar keine Zeit, sie zu übertreten. *Johann Wolfgang von Goethe*

Alle Gesetze sind von Alten und Männern gemacht. Junge und Weiber wollen die Ausnahme, Alte die Regel.

Johann Wolfgang von Goethe

Wenn Sie Gesetze und Würste mögen, dann sollten Sie niemals bei der Herstellung von beiden zuschauen.

Otto von Bismarck

Mit schlechten Gesetzen und guten Beamten läßt sich immer noch regieren. Bei schlechten Beamten aber helfen die besten Gesetze nichts. *Otto von Bismarck*

In einem Staat gibt es um so mehr Räuber und Diebe, je mehr Gesetze und Vorschriften es in ihm gibt. *Laotse*

Die Unkenntnis des Gesetzes befreit nicht von der Verantwortung. Aber die Kenntnis oft. *Stanislaw Jerzy Lec*

Eine echte Frau wird nie Gesetze beachten, wenn diese Gesetze ihren Privatinteressen im Wege stehen. Sie ist wesentlich gesetzlos. *Henry Louis Mencken*

Wenn die Gesetze sprechen könnten, würden sie sich zuallererst über die Juristen beschweren.

George Savile, First Marquis of Halifax

Die Gesetze sind schon an der Quelle dadurch vergiftet, daß sie von reichen Leuten gemacht werden.

George Bernard Shaw

Vielleicht würde es um die Welt besser stehen, wenn die Menschen Maulkörbe und die Hunde Gesetze bekämen.

George Bernard Shaw

Die Gesetze gleichen den Spinnweben, denn fällt etwas Leichtes und Schwaches hinein, so wird es festgehalten, wenn aber etwas Größeres, dann schlägt es durch und kommt heil davon.

Solon

Nichts erhält die Gesetze so wirksam wie ihre Anwendung gegen hochgestellte Personen.

Tacitus

Der Mensch gönnt seiner Gattung nichts, daher hat er die Gesetze erfunden. Er darf nicht, also sollen die anderen auch nicht.

Kurt Tucholsky

Früher litten wir an Verbrechen, heute an Gesetzen.

Tacitus

Das Studium der Gesetzeslücken ist rentabler als andere Künste. *Immanuel Birnbaum*

Gesetzeslücken sind merkwürdigerweise so beschaffen, daß die Großen leichter durchschlüpfen können als die Kleinen. *Ralph Boller*

Gesetzeslücken lassen sich durch beständigen Gebrauch beträchtlich erweitern. *Mark Twain*

Die Lücken in den Gesetzen sind nicht so klein, daß man nicht mit einem Cadillac hindurchfahren könnte.

James Parkinson

Man sollte das Grundgesetz auf den Index setzen, dann würde es vielleicht gelegentlich gelesen werden.

Robert Lembke

Guillotine: der von der Französischen Revolution erfundene Rasierapparat. *Ramón Gómez de la Serna*

– der bisher erfolgreichste Versuch, den Scheintod zu vermeiden. *Robert Michaud*

Die Guillotine ist eine Maschine, die den Kopf im Handumdrehen entfernt und die das Opfer nichts anderes spüren läßt als ein Gefühl erfrischender Kühle. *J.I. Guillotin*

Handschellen: Abführmittel aus Eisen. *Anonym*

Kein Versteck erfreut sich solcher Beliebtheit wie das Kleingedruckte. *Anonym*

Das Paragraphenzeichen allein sieht aus wie ein Folterwerkzeug. *Stanislaw Jerzy Lec*

Früher kam man an den Pranger, heute in die Zeitung.

Carmen Sylva

Prozeß: eine Maschine, in die man als Schwein hineingeht, um als Wurst wieder herauszukommen. *Ambrose Bierce*

– eine förmliche Untersuchung zu dem Zweck, den makellosen Charakter von Richtern, Advokaten und Geschworenen zu beweisen und aktenkundig zu machen. Dazu ist eine Kontrastperson in Form eines sogenannten Angeklagten, Gefangenen oder Beschuldigten erforderlich. *Ambrose Bierce*

– eine Lotterie, die den Einsatz nicht lohnt. *A.O. Weber*

Der einzig gewonnene Prozeß ist der, den man nicht geführt hat. *Hans Habe*

Der Prozeß wurde sehr human geführt. Die Fürsorge für den Angeklagten ging so weit, daß der Staatsanwalt sogar dessen Schuldbekenntnis für ihn zu sprechen übernommen hatte. *Stanislaw Jerzy Lec*

Vor Prozessen sollte man nicht seinen gesunden Menschenverstand, sondern einen Juristen fragen. *Robert Lembke*

Vor dem Gesetz sind alle gleich, aber nicht in den Prozessen. *Hugo Olaerts*

Ich war zweimal bankrott, einmal, als ich bei einer gerichtlichen Auseinandersetzung verlor, und das zweite Mal, als ich gewann. *Voltaire*

Nützliche Unklarheit in den Staatsverträgen ist eine hohe Kunst. *Charles Maurice Talleyrand*

Mit einem Wort, die Geschichte lehrt uns zur Genüge, daß Strafgesetze nie anders als nachteilig gewirkt haben. *Charles de Montesquieu*

Die deutsche Strafprozeßordnung liest sich im großen ganzen wie die Lieferungsverträge, die sich bei uns eingebürgert haben: was auch immer geschieht, geht zu Lasten des Bestellers, und die ausführende Firma haftet für gar nichts. *Kurt Tucholsky*

Streitaxt: man vergißt vielleicht, wo man die Friedenspfeife vergraben hat, aber man vergißt niemals, wo das Beil liegt. *Mark Twain*

Jemanden mit dessen Wissen im Testament zu bedenken und dann nicht in angemessener Frist zu sterben, das grenzt schon an Provokation. *Samuel Butler*

Wer in einem Testament nicht bedacht worden ist, findet Trost in dem Gedanken, daß der Verstorbene ihm vermutlich die Erbschaftssteuer ersparen wollte. *Peter Ustinov*

Vertrag: ein System, unter dem die Treuen immer gebunden, die Treulosen immer frei sind.

Lord Robert Gilbert Vantissart

Verträge: überflüssige Schriftstücke, die von Gutwilligen ohnehin und von Bösartigen doch nie gehalten werden. *Ron Kritzfeld*

Verträge sind ein Beispiel dafür, daß sich Menschen nicht trauen. *Anonym*

Verträge sind wie Rosen und junge Mädchen: Sie halten sich, solange sie sich halten. *Charles de Gaulle*

Verträge werden von Juristen für Juristen gemacht, damit die Laien merken, daß man ohne Juristen nicht auskommt. *Paul Getty*

PROZESSUALE Gepflogenheiten

anklagen: die Schuld oder Unwürdigkeit eines anderen beteuern: gewöhnlich, um uns selber dafür zu rechtfertigen, daß wir ihm unrecht getan haben. *Ambrose Bierce*

Wenn man einmal drei Augenzeugen über denselben Verkehrsunfall gehört hat, beginnt man nachzudenken, ob an der ganzen Weltgeschichte überhaupt etwas Wahres dran ist. *Elke Sommer*

Es werden mehr Ausreden als Reden gehalten. Aber die Ausreden sind meist brillanter als die Reden. *Anonym*

Barrett: gibt dem Kopf die nötige Festigkeit ... Unerläßlich im Sitzungszimmer. *Gustave Flaubert*

begnadigen: eine Strafe aufheben und jemanden von neuem einem verbrecherischen Leben aussetzen. *Ambrose Bierce*

Eine zweifelhafte Behauptung muß recht häufig wiederholt werden, dann schwächt sich der Zweifel immer etwas ab und findet Leute, die selbst nicht denken, aber annehmen, mit soviel Sicherheit und Beharrlichkeit könne Unwahres nicht behauptet oder gedruckt werden.

Otto von Bismarck

beide Seiten anhören: wenn man sich beide Seiten einer Geschichte anhört, stellt man bald fest, daß sie mehr als zwei Seiten hat. *Anonym*

bereuen: es gibt Dinge, die man bereut, ehe man sie tut. Und man tut sie doch. *Friedrich Hebbel*

Es ist unglaublich, wieviel Geist in der Welt aufgeboten wird, um Dummheiten zu beweisen. *Friedrich Hebbel*

Chuzpe: wenn einer, der Vater und Mutter erschlagen hat, vor Gericht um mildernde Umstände bittet, weil er Vollwaise ist. *Peter Mosler*

Dienst nach Vorschrift und Gesetz als Ersatz für einen Streik ist nicht nur ein wunderschöner Gag, er ist auch ein Hinweis auf den versteckten Humor der Gesetzesmacher.

Cyril Northcote Parkinson

entscheiden: dem Übergewicht einer Richtung von Einflüssen über eine andere erliegen. *Ambrose Bierce*

Es gibt ein unfehlbares Rezept, eine Sache gerecht unter zwei Menschen aufzuteilen: einer von ihnen darf die Portionen bestimmen – und der andere hat die Wahl.

Gustav Stresemann

Man hätte ihm längst Gerechtigkeit widerfahren lassen, wenn man nur wüßte, daß er davon keinen Gebrauch machen wird. *Wieslaw Brudzinski*

Man riskiert Ekel, sähe man, wie Politik, Gerechtigkeit und das eigene Abendessen zustande kommen.

Nicolas-Sébastien Roch Chamfort

Völlig unnötig, der Gerechtigkeit die Augen zu verbinden. Sie ist ohnehin blind. *Hanns-Hermann Kersten*

Wer kein Verbrechen begeht, ist für die Gerechtigkeit uninteressant. *Stanislaw Jerzy Lec*

Gerechtigkeit ist keine billige Sache auf dem Gericht.

Rudolf Rolfs

Es ist ein Juristenaberglauben, und zwar speziell ein deutscher Juristenaberglauben, daß die Gerechtigkeit um so größer ist, je länger sich die Prozesse hinziehen.

Manfred Rommel

Kaution: das Lösegeld, das die Justiz für ihre Geiseln verlangt. *Wolfram Weidner*

Eine gute Lüge muß neun Zehntel Wahrheit enthalten. *Erwin Chargaff*

Eine Lüge ist bereits dreimal um die Erde gelaufen, ehe sich die Wahrheit die Schuhe anzieht. *Mark Twain*

Bei einer Lüge nicht ertappt zu werden, ist so, als habe man die Wahrheit gesagt. *Aristoteles Onassis*

Ist einer so phantasielos, daß er seiner Lüge mit Beweisen zur Hilfe kommt, dann soll er lieber gleich die Wahrheit sagen. *Oscar Wilde*

Es gibt drei Arten von Lügen: Lügen, infame Lügen und Statistiken. *Benjamin Disraeli*

Die meisten unserer heutigen Wahrheiten haben so kurze Beine, daß sie gerade so gut Lügen sein könnten. *Egon Friedell*

Jeder Narr kann die Wahrheit sagen, aber nur ein verhältnismäßig Intelligenter kann gut lügen. *Samuel Butler*

Lügen ist ein ermüdendes Unternehmen, das große Anforderungen an das Gedächtnis stellt. *Sir Harold Nicolson*

Wer einmal lügt, dem glaubt man nicht. Wer aber immer lügt, hat ganz gute Chancen. *Johannes Gross*

Man lügt wohl mit dem Munde, aber mit dem Maule, das man dabei macht, sagt man doch noch die Wahrheit.

Friedrich Nietzsche

Es macht keinen Spaß, einen Mann aufzuhängen, der nichts dagegen hat. *George Bernard Shaw*

Prozeßpartei: jemand, der bereit ist, seine Haut zu opfern in der Hoffnung, daß er seine Knochen behalten darf.

Ambrose Bierce

Wenn man von den Leuten Pflichten fordert und ihnen keine Rechte zugestehen will, muß man sie gut bezahlen. *Johann Wolfgang von Goethe*

Rechtfertigung: wir fertigen uns unser Recht, um uns zu rechtfertigen. *Gerhard Uhlenbruck*

Nie hassen wir Rechthaber mehr, als wenn sie recht haben. *Erwin Chargaff*

Wer immer recht haben will, muß oft seine Meinung wechseln. *Dusan Radovic*

Reue: die unpünktlichste aller Tugenden; sie kommt immer zu spät. *Anonym*

– der feste Vorsatz, beim nächsten Mal keine Fingerabdrücke zu hinterlassen. *Marcel Achard*

– eine nachträglich entrichtete Vergnügungssteuer.

Senta Berger

– der Versuch, in sich zu gehen, nachdem man gerade so schön aus sich herausgegangen war. *Hans Clarin*

– eine große Trauer darüber, daß wir so sind, wie wir sind. *Marie von Ebner-Eschenbach*

– nicht so sehr der Kummer über das Böse, das wir getan haben, wie Furcht vor dem, das uns daraus erwachsen kann. *Marie von Ebner-Eschenbach*

– Verstand, der zu spät kommt. *Ernst Freiherr von Feuchtersleben*

– der Schmerz, getan zu haben, was man nicht getan haben möchte. *Ludwig Marcuse*

– das Bedauern darüber, daß man so lange gewartet hat, es zu tun. *Henry Louis Mencken* späte Reue: echte Zerknirschung mit falschen Zähnen.

Carl Merz

Wenn ein intelligenter Mensch die falsche Sache vertritt, ist das noch schlimmer, als wenn ein Dummkopf für die richtige eintritt. *Georges Clemenceau*

Scheidung: Trennung von Tisch und Fernseher. *Anonym*

»Wenn ich mir über die Verteilung unseres Besitzes klar wäre, würde ich mich scheiden lassen«, sagt der Ehemann zum Anwalt. »Aber das ist doch kein Problem«, antwortet der. »Ihre Frau bekommt die Wohnung, Sie den Wagen und ich Ihre Ersparnisse.« *»Stern«*

Bei jeder Streitfrage gibt es zwei Standpunkte: den eigenen und den falschen. *Channing Pollock*

Die schlimmsten Streitigkeiten entstehen erst dann, wenn beide Seiten gleichermaßen im Recht und im Unrecht sind. *Winston Churchill*

Streitigkeiten dauerten nicht lange, wenn das Unrecht nur auf einer Seite wäre. *François de La Rochefoucauld*

Am ältesten werden die Streitlustigen. Zank und Polemik sind wunderbare Arzneien für ältere Herrschaften.

Jean Cocteau

Tatsachen schafft man nicht dadurch aus der Welt, daß man sie ignoriert. *Aldous Huxley*

Unrecht: das, was einem anderen Menschen schadet.

Leo Tolstoi

Unrecht gewinnt oft Rechtscharakter einfach dadurch, daß es häufig vorkommt. *Bertolt Brecht*

Großes Unrecht wird kleiner, wenn man es von höheren Posten aus betrachtet. *Zarko Petan*

Um Recht zu tun, braucht's wenig, und insofern hätte Cicero recht, wenn er binnen drei Tagen ein Rechtsgelehrter zu werden sich getraute, aber um ungestraft Unrecht zu tun, dazu gehört ein Studium. *Karl Julius Weber*

Man haßt immer die Menschen, denen man Unrecht tut. *Stefan Zweig*

Nichts lernen wir so spät und verlernen wir so früh, als zuzugeben, daß wir unrecht haben. *Marie von Ebner-Eschenbach*

Der Scharfsinn verläßt geistreiche Männer am wenigsten, wenn sie unrecht haben. *Johann Wolfgang von Goethe*

Um recht zu tun in der Welt, braucht man nur sehr wenig zu wissen, aber um mit Sicherheit unrecht tun zu können, muß man die Rechte studieren. *Georg Christoph Lichtenberg*

Ein wahrer Freund zeigt sich darin, daß er für einen Partei ergreift, wenn man unrecht hat. Ist man im Recht, hat man sowieso fast alle auf seiner Seite. *Mark Twain*

Auch wenn alle einer Meinung sind, können alle unrecht haben. *Bertrand Russell*

unrecht tun: Oft tut auch der unrecht, der nichts tut, nicht bloß, der etwas tut. *Marc Aurel*

Geübte Lügner sagen auch dann die Unwahrheit, wenn es gar nicht nötig ist – bloß so, zum Training. *Harold Pinter*

Der magerste Vergleich ist besser als ein fetter Prozeß.
Friedrich Rückert

Wenn die Wahrheit zu schwach ist, sich zu verteidigen, muß sie zum Angriff übergehen. *Bertolt Brecht*

Wer die Bettdecke von der schlummernden Wahrheit wegzieht, den nennt man einen Ruhestörer. *Ludwig Börne*

Wer die Wahrheit nicht weiß, der ist bloß ein Dummkopf. Aber wer sie weiß und sie eine Lüge nennt, der ist ein Verbrecher. *Bertolt Brecht*

Eines Tages schwimmt die Wahrheit doch nach oben. Als Wasserleiche. *Wieslaw Brudzinski*

Als er sich zur Wahrheit durchgeschlagen hatte, war sie nicht mehr dort. *Wieslaw Brudzinski*

Gelegentlich stolpern die Menschen über eine Wahrheit, aber sie richten sich auf und gehen weiter, als sei nichts geschehen. *Winston Churchill*

Die Wahrheit erkennt man am besten an den Dementis.

Jean Cau

Die Wahrheit ist selten so oder so, meistens ist sie so und so. *Charly Chaplin*

Man soll die Wahrheit sagen, doch nicht jede Wahrheit soll ausgesprochen werden. *Christina von Schweden*

Die Wahrheit richtet sich nicht nach uns, sondern wir müssen uns nach ihr richten. *Matthias Claudius*

Man darf Wahrheit nicht mit Mehrheit verwechseln.

Jean Cocteau

Nichts wird so sehr für Übertreibung gehalten wie die nackte Wahrheit. *Joseph Conrad*

... die unverfälschte Wahrheit ist immer unwahrscheinlich ... Um die Wahrheit wahrscheinlicher zu machen, muß man ihr unbedingt etwas Lüge beimischen.

Fjodor Michailowitsch Dostojewski

Die Gefahr bei der Suche nach der Wahrheit liegt darin, daß man sie manchmal findet. *William Faulkner*

Die Wahrheit kann auch eine Keule sein, mit der man andere erschlägt. *Anatole France*

Es gibt ebensowenig eine hundertprozentige Wahrheit wie hundertprozentigen Alkohol. *Sigmund Freud*

Man sollte die Wahrheit dem anderen wie einen Mantel hinhalten, daß er hineinschlüpfen kann – nicht wie ein nasses Tuch um den Kopf schlagen. *Max Frisch*

Die beste Tarnung ist die Wahrheit. Die glaubt einem keiner. *Max Frisch*

Wenn alle Menschen immer die Wahrheit sagten, wäre das die Hölle auf Erden. *Jean Gabin*

Wer immer die Wahrheit sagt, kann sich ein schlechtes Gedächtnis leisten. *Theodor Heuss*

Die Wahrheit kann warten, sie ist es gewohnt.
Douglas Jerrold

Die Frage an die Logik »Was ist Wahrheit?« gleicht dem beklagenswerten Anblick, daß einer den Bock melkt und einer ein Sieb darunter hält. *Immanuel Kant*

Sei kein Snob. Lüge nie, wo die Wahrheit besser bezahlt wird. *Stanislaw Jerzy Lec*

Je mehr wir uns der Wahrheit nähern, desto mehr entfernen wir uns von der Wirklichkeit. *Stanislaw Jerzy Lec*

Die Wahrheit über einen Menschen liegt in der Regel halbwegs zwischen seinem Ruf und seinem Nachruf.
Robert Lembke

Die Wahrheit ist oft zu einfach, um Glauben zu finden.
Fanny Lewald

Vom Wahrsagen läßt sich wohl leben, aber nicht vom Wahrheit sagen. *Georg Christoph Lichtenberg*

Es ist fast unmöglich, die Fackel der Wahrheit durch ein Gedränge zu tragen, ohne jemandem den Bart zu sengen.
Georg Christoph Lichtenberg

Es ist schwer, es zugleich der Wahrheit und den Leuten recht zu machen. *Thomas Mann*

Das Suchen nach der Wahrheit hat seine Tücken. Man könnte sie ja schließlich finden. *Mark Twain*

Die Wahrheit, die überlebt, ist lediglich die Lüge, die am angenehmsten zu glauben ist. *Henry Louis Mencken*

Wir sind dazu geschaffen, die Wahrheit zu suchen; sie zu besitzen, ist das Vorrecht einer höheren Macht.

Michel de Montaigne

Die Wahrheit ist keine Speise, sondern ein Gewürz.

Arthur Murphy

Auf einen Tropfen Wahrheit kommt ein Ozean von Worten. *Helmar Nahr*

Überzeugungen sind gefährlichere Feinde der Wahrheit als Lügen. *Friedrich Nietzsche*

Über die Formulierung geht die Wahrheit zum Teufel.
Hans Erich Nossack

Jeder Wahrheit sollte man hinzufügen, daß man sich auch der entgegengesetzten Wahrheit entsinne. *Blaise Pascal*

Am Ende siegt immer die Wahrheit. Doch leider sind wir erst am Anfang. *Zarko Petan*

Die Wahrheit triumphiert nie, ihre Gegner sterben nur aus. *Max Planck*

Wer immer die Wahrheit sagt, wird kein Gedächtniskünstler. *Joachim Ringelnatz*

Eine Diskussion ist unmöglich mit jemandem, der vorgibt, die Wahrheit nicht zu suchen, sondern sie schon zu besitzen. *Romain Rolland*

Die Wahrheit, die in einen Gerichtssaal gelangt, ist nicht die nackte Wahrheit, sondern die Wahrheit in Gerichtskleidung, die alle ihre weniger anständigen Teile verhüllt.
Bertrand Russell

Das einzige, was niemand glauben will, ist die Wahrheit.
George Bernard Shaw

Um die Wahrheit zu erfahren, muß man den Menschen widersprechen. *George Bernard Shaw*

Sehr viele Menschen leben davon, daß die Wahrheit auf Erden so schwer zu finden ist: die Detektive, Rechtsanwälte, Richter, Schriftsteller, Wissenschaftler, Philosophen, Geistliche und viele andere. *Georges Simenon*

Zum Aussprechen der Wahrheit gehören zwei – einer, der sie sagt, und einer, der zuhört. *Henry David Thoreau*

Man kann der Wahrheit den Mund verbinden, aber dann macht sie sich immer noch durch Stöhnen bemerkbar. *Arnold J. Toynbee*

Mancher ist für die Wahrheit, solange die Wahrheit für ihn ist. *Charles Tschopp*

Die hinkende Wahrheit holt die laufende Lüge zum Schluß noch ein. *Peter Ustinov*

Um die Wahrheit zu finden, zieht man in Frankreich etwas ab, in Deutschland fügt man etwas hinzu, und in England wechselt man das Thema. *Peter Ustinov*

Die Wahrheit ist nicht darauf angewiesen, von uns entdeckt zu werden. *Karl Heinrich Waggerl*

Niemand macht sich das Leben so schwer wie derjenige, der ununterbrochen die Wahrheit der Behaglichkeit vorzieht. *Alfred Whitehead*

Am meisten fühlt man sich von Wahrheiten getroffen, die man sich selbst verheimlichen wollte. *Friedl Beutelrock*

Die einfachsten Wahrheiten sind es gerade, auf die der Mensch immer erst am spätesten kommt. *Ludwig Feuerbach*

Unanfechtbare Wahrheiten gibt es überhaupt nicht, und wenn es welche gäbe, wären sie langweilig.

Theodor Fontane

Es gibt Wahrheiten, aber keine Wahrheit. Ich kann ganz gut zwei völlig entgegengesetzte Dinge behaupten und in beiden Fällen recht haben. *Robert Musil*

Niemand stirbt jetzt an tödlichen Wahrheiten: es gibt zu viele Gegengifte. *Friedrich Nietzsche*

Wahrheiten können nicht oft genug neu formuliert werden, sonst werden sie langweilig. *Gerhard Uhlenbruck*

Die meisten Wahrheiten sind so nackt, daß die Menschen sich ihrer erbarmen und sie wenigstens etwas verschleiern. *Hellmut Walters*

Die Vereinten Nationen in ihrer jetzigen Zusammensetzung würden nicht einmal die Zehn Gebote verabschieden, weil sie aus Israel kommen. *Abba Eban*

zugeben: die Fehler eines anderen zuzugeben, ist die vornehmste Pflicht, die uns unsere Wahrheitsliebe auferlegt. *Ambrose Bierce*

grundsätzliche Zustimmung: wenn man sagt, daß man einer Sache grundsätzlich zustimmt, so bedeutet es, daß man nicht die geringste Absicht hat, sie in der Praxis durchzuführen. *Otto von Bismarck*

KAMPFPLÄTZE des Rechts

Weil der Amtsrichter nicht allein Skat spielen kann, braucht ein Amtsgericht zwei Referendare. *Theodor Fontane*

Gerichte: Desillusionsanstalten der Rechtsprechung.

Rudolf Rolfs

Gefängnis: im Knast denkt mancher: Gott sei Dank gibt es Feilchen, die im Verborgenen blüh'n. *Joachim Ringelnatz*

Heiterkeit – Humor – ist die einzige Form der Freiheit im Gefängnis. *Rudolf Alexander Schröder*

Der ängstlichste Mensch in einem Gefängnis ist der Direktor. *George Bernard Shaw*

Um einen Staat zu beurteilen, muß man sich seine Gefängnisse von innen ansehen. *Leo Tolstoi*

Gefängnisse sind ein schöner Anblick. Solange man sie vor Augen hat, weiß man, daß man nicht drinsitzt.

François Villon

Warum sagen vor Gerichten Sach- und nicht Menschenverständige aus? *Hans-Horst Skupy*

Die Justiz ist eine Dame von so ehrwürdigem Alter, daß ihre Tugend vom Gerede der Nachbarn nicht mehr betroffen wird.

Prof. D. Bader

Körperschaft: eine sinnreiche Einrichtung, um ohne persönliche Verantwortung persönlichen Vorteil zu erlangen.

Ambrose Bierce

Die Macht kann sich leicht den Anschein des Rechts geben, da sie reich genug ist, sich genügend Advokaten zu leisten.

George Bernanos

Recht: die Übereinstimmung mit den Naturgesetzen, soweit sie der menschlichen Vernunft bekannt sind.

Ralph Waldo Emerson

– eine Gewalt, die der Gewalt das Recht streitig macht.

Hans Kudszus

– ein Werturteil, das eine Macht über eine ihr an Macht unterlegene Macht fällt. *Henry de Montherlant*

– das, wogegen die öffentliche Meinung keinen nachhaltigen Widerspruch erhebt. *Richard Wiggins*

– Zwangsregeln, welche die Öffentlichkeit verlangt, respektiert, in Kauf nimmt, duldet oder erträgt. *Richard Wiggins*

Natürlich achte ich das Recht. Aber auch mit dem Recht darf man nicht so pingelig sein. *Konrad Adenauer*

Man merkt unserem Recht das Alter an – es ist schon gebeugt. *Bert Berkensträter*

Die Macht kann sich leicht den Anschein des Rechts geben, da sie reich genug ist, sich genügend Advokaten zu leisten. *George Bernanos*

Recht ist, was keck behauptet und überzeugend verfochten wird. *Aron Burr*

Ohne die Kraft, sein Recht zu verfechten, hat man kein Recht. *Christina von Schweden*

Wenn du im Recht bist, kannst du dir leisten, die Ruhe zu bewahren; und wenn du im Unrecht bist, kannst du dir nicht leisten, sie zu verlieren. *Mahatma Gandhi*

Das Recht ist nicht unentgeltlich, und das ist das größte Unrecht. *Kurt Guggenheim*

Es hilft nichts, das Recht auf seiner Seite zu haben. Man muß auch mit der Justiz rechnen. *Dieter Hildebrandt*

Wer das Recht mit Füßen tritt, steht selten fest auf den Beinen. *Stanislaw Jerzy Lec*

Das Studium des Rechts ist schmutzig und gewinnsüchtig, denn sein letzter Zweck ist Geld; man studiert die Rechte nicht zur Ergötzung und um der Kenntnis der Dinge willen. *Martin Luther*

Ich bin für Recht und Gesetz, und wäre es nur zu meinem eigenen Schutz. *Thomas More*

Weil man das Recht nicht finden konnte, hat man die Macht gefunden.

Blaise Pascal

Willst du zum Gericht gehen, um dein Recht zu finden, so kannst du auch zum Fotografen rennen, um dir einen Zahn ziehen zu lassen.

Pitigrilli

Außer dem Licht wird nichts auf Erden so oft gebrochen wie das Recht.

Alfred Polgar

Wer immer auf sein Recht pocht, bekommt wunde Finger.

Volker Schlöndorff

Gleiches Recht für alle gibt es nur bei Toten und für Tote.

Rudolf Alexander Schröder

Welches Recht wird eigentlich in Unrechtsstaaten gelehrt?

Hans-Horst Skupy

Das Recht hat die merkwürdige Eigenschaft, daß man es behalten kann, ohne es zu haben.

Joseph Unger

Das größte Recht in der Welt ist das Recht, Unrecht zu haben.

Harry Weinberger

Das Recht des Stärkeren ist das stärkste Unrecht.

Marie von Ebner-Eschenbach

Es gibt Leute, die selbst dann, wenn sie recht haben, ihre Sache so verzwickt und so peinlich vorbringen, als hätten sie unrecht. *Werner Bukofzer*

Die meiste Angst können einem Menschen einjagen, die felsenfest überzeugt sind, daß sie recht haben.

Laurens van der Post

Untersuchungskommissionen, die in Aktenbergen wühlen, sollten sich an die Krimiregeln halten, daß man den Täter meist auf den letzten Seiten findet. *Aldo Biagini*

§

Letzte Erklärung

Es ist bedauerlich,
daß man unter den Menschenrechten
das Recht vergessen hat,
sich selbst zu widersprechen.

Charles Baudelaire

»Kinder sind eine Art Glanzbild ihrer Eltern«

Pfiffige Kindersprüche für pfiffige Eltern

»Eltern sind eigentlich ganz normale Säugetiere.«

ISBN 3-8218-3453-6

»Papa ist der Thronerbe für Großmutters Geld. Wenn er thronerbt, bekomme ich ein neues Fahrrad und Mama einen Golf.«

ISBN 3-8218-3454-4

Jeder Band: 64 Seiten · Halbleinen, gebunden · 14,80 DM

Wir schicken Ihnen gern ein Verlagsverzeichnis:

Kaiserstrasse 66 · 60329 Frankfurt
Telefon: 069/ 25 60 03-0 · Telefax: 25 60 03-30

EICHBORN.